NOTICE

SUR

MLLE SOPHIE DUCHEMIN

PAR

L'abbé GOUNELLE

> Le bruit ne fait pas de bien,
> Et le bien ne fait pas de bruit.

PARIS

LIBRAIRIE ACADÉMIQUE DIDIER

ÉMILE PERRIN, LIBRAIRE-ÉDITEUR

35, QUAI DES GRANDS-AUGUSTINS

1884

NOTICE

SUR

MLLE SOPHIE DUCHEMIN

BOURLOTON. — Imprimeries réunies, **A**, rue Mignon, 2, Paris.

NOTICE

SUR

MLLE SOPHIE DUCHEMIN

PAR

L'abbé GOUNELLE

Le bruit ne fait pas de bien,
Et le bien ne fait pas de bruit.

PARIS
LIBRAIRIE ACADÉMIQUE DIDIER
ÉMILE PERRIN, LIBRAIRE-ÉDITEUR
35, QUAI DES GRANDS-AUGUSTINS

1884

NOTICE

SUR

MLLE SOPHIE DUCHEMIN

Dieu a rappelé, il y a quelques mois, à lui une âme qui, sous les dehors les plus modestes et avec une humilité qu'égalaient seuls ses rares mérites, a fait un bien considérable dans cette ville de Paris et en particulier sur les paroisses de Saint-Sulpice et de Notre-Dame-des-Champs.

Feu le vénérable abbé de Roquefeuil, qui fut, durant de longues années, le conseiller et le directeur de Mlle Duchemin et l'aumônier de son Institution, assurait, dans ce langage original qui lui était familier, qu'il y avait en elle l'étoffe de trois ou quatre saintes. Et vraiment il n'exagérait pas trop; nous pouvons à notre tour l'affirmer, nous qui connaissions et qui vénérions depuis trente-quatre ans la très méritante institutrice.

Et d'abord cette chrétienne, fort instruite et d'une science extrêmement sûre, tenue d'ailleurs en grande estime par les juges les plus compétents en matière d'éducation et d'enseignement aussi bien que par le clergé, était l'humilité même. Se conformant à la maxime : *Le bruit ne fait pas de bien et le bien ne fait pas de bruit*, elle montrait une telle réserve et une telle discrétion, que cette vertu, la plus opposée peut-être à la nature, paraissait chez elle comme naturelle. Elle poussait si loin l'amour de l'obscurité et l'oubli ou plutôt la méconnaissance de ses propres mérites, que nous ne pouvons nous défendre de quelque chose qui tient du remords en parlant d'elle au public, maintenant qu'elle n'est plus là pour nous demander le silence;

il nous semble faire comme une violence posthume à sa modestie, et nous éprouvons une sorte de crainte de manquer à une mémoire vénérée; il n'a fallu rien moins, pour nous rassurer, que la certitude où nous aurions été de produire, en nous taisant, un étonnement à tout le moins douloureux chez tous ceux qui connaissaient nos relations étroites et de longue date avec cette âme. Et puis les scrupules de l'humilité sont de ceux dont il est permis de ne point tenir compte en présence d'une tombe ouverte et alors qu'il n'y a plus péril pour l'amour-propre.

Mlle Duchemin n'était pas moins indulgente et bonne, mais bonne au point de croire malaisément au mal et d'attribuer d'ordinaire à la légèreté de l'âge ce qu'il répugnait à son honnêteté native et à cette conscience délicate, que le péché originel lui-même semblait presque avoir respectée, de reconnaître comme un fruit de la malice. Mais, une fois convaincue de la culpabilité, elle marchait sur son cœur et gourmandait, punissait même au besoin avec une fermeté calme qui n'en opérait que plus d'impression. Car cette institutrice modèle était de plus d'une imperturbable patience. Toujours maîtresse d'elle-même, jamais nous ne l'avons entendue adresser un reproche trop vif et qui dépassât, en quoi que ce fût, la mesure; jamais non plus nous ne l'avons vue, quand elle croyait avoir à faire une réprimande, céder à un mouvement naturel, comme celui que produisent les froissements d'amour-propre ou les blessures du cœur. Et Dieu sait pourtant si tout ce petit peuple indiscipliné s'entend parfois à mettre à l'épreuve la douceur la plus obstinée !

Mue en tout par l'esprit de foi et ne voyant dans les enfants confiées à sa direction que des âmes plus ou moins parfaites, mais des âmes créées à l'image divine et rachetées par le sang de Jésus, Mlle Duchemin ne faisait naturellement acception de personne, et son impartialité absolue ne tenait compte ni des agréments d'une nature plus heureuse, tels que caractère aimable, intelligence ouverte, dons enfin quels qu'ils fussent ou de quelque ordre que ce pût être, ni de la position respective des familles, ni d'aucun des avantages temporels qu'aurait procurés une indulgence déraisonnable ou une exception non motifiée.

Il manquerait un trait à la fidèle reproduction de cette simple, mais belle physionomie, si nous n'ajoutions, bien que la chose aille de soi, que l'éminente éducatrice s'adonnait à ce qu'elle appelait très justement une œuvre — la première peut-être de toutes en effet et très certainement l'une des plus méritoires — avec un dévouement qui ne s'est jamais démenti et n'a, jusqu'aux approches mêmes de la mort, connu ni repos, ni trêve, ni simple ralentissement. Entrée dans la carrière du professorat à dix-huit ans, elle a continué à enseigner tant qu'elle a pu se tenir debout et longtemps après que la maladie avait épuisé ses forces. Quand enfin elle a dû s'avouer vaincue et céder au mal, il y avait déjà quatre ans qu'elle aurait pu, sans cette modestie excessive qui la portait toujours à s'effacer, célébrer en qualité de maîtresse ses noces d'or, et il y en avait deux que, pour assurer la durée de sa maison, elle l'avait remise à des mains non moins dévouées, mais plus jeunes. S'il est rude de tenir une classe et de professer, il doit être mille fois plus lourd et, si nous osons le dire, plus *usant* de porter jour et nuit, devant les familles et devant Dieu, la responsabilité de cent jeunes vies, de cent frêles santés, de cent âmes surtout.

Mlle Duchemin s'était réservé dans son institution ce que, faute d'un mot meilleur, nous appellerons les répétitions de catéchisme et les conférences religieuses, et nul théologien, si versé qu'il fût dans la matière, n'aurait trouvé à redire à la lucidité et à la solidité de ses explications, comme aussi il n'était pas d'enfant si ignorante et si jeune qui ne saisît du premier coup ou ne comprît à la longue son langage simple, limpide, à la portée des intelligences les moins subtiles. Aussi la foi, une foi éclairée et sûre, appuyée sur une connaissance approfondie du dogme, était le caractère propre de la religion qu'elle s'efforçait d'inculquer à ses élèves, bien plus que cette ferveur d'imagination ou de sentiment, souvent éphémère et presque toujours sans force contre la tentation, ou même que cette piété qui ne consiste guère qu'en pratiques et en habitudes dévotes. Nous ne croyons pas au surplus et nous le proclamons hautement, que dans les meilleurs couvents eux-mêmes, et il en est d'admirables, le ministère du prêtre se soit jamais exercé plus librement, plus complètement et, par suite, plus efficacement que dans la maison qu'avait créée cette laïque aussi intelligente que pieuse et qu'elle a dirigée pendant si longtemps.

L'œuvre de cette grande chrétienne a été bénie. Que d'âmes sorties de ses mains, formées par ses soins, façonnées par elle, soit encore sur la terre, soit déjà dans le ciel, lui doivent d'être, les unes de pieuses jeunes filles au milieu du monde, les autres d'admirables mères de famille au foyer, celles-ci de saintes religieuses dans le cloître, celles-là des prédestinées déjà en possession du bonheur !

Une de ces dernières fut très certainement le plus riche épi de sa gerbe et elle est à cette heure le plus brillant joyau de sa couronne. Fleur trop tôt moissonnée, mais dont le parfum, grâce aux lignes précieuses laissées par elle, persévère et nous charme encore, Marie Duchemin était plus que la nièce de celle que nous pleurons ; c'était la fille de son cœur, l'enfant de son âme. Notre-Seigneur nous apprend à juger d'un arbre par ses fruits. Quel arbre fécond et favorisé du Ciel que celui à qui il a été donné de porter et de produire un pareil fruit !

Le 21 janvier, l'église de Notre-Dame-des-Champs était à peine assez spacieuse pour contenir la foule qui se pressait aux obsèques. Composée en grande partie d'anciennes élèves de Mlle Duchemin, cette multitude, venue pour donner un dernier témoignage de reconnaissance à une maîtresse qui le méritait si bien, n'entendait point remplir un simple devoir de civilité, comme le prouvait avec usure son attitude recueillie ; elle n'était point davantage attirée par la sympathie naturelle que fait naître par exemple la mort prématurée d'une jeune fille ou quelque autre deuil exceptionnellement douloureux. Non ; un seul sentiment remplissait toutes ces âmes et faisait battre tous ces cœurs : la vénération.

BOURLOTON. — Imprimeries réunies, A, rue Mignon, 2, Paris.

BOURLOTON. — Imprimeries réunies, A, rue Mignon, 2, Paris.

www.ingramcontent.com/pod-product-compliance
Ingram Content Group UK Ltd.
Pitfield, Milton Keynes, MK11 3LW, UK
UKHW021038200726
13857UKWH00005B/1801